뜻이 높으면 존재는 고요하다

진실의 노래, 깨달음의 찬가

자현 지음

차례

들어가며 010

법음이 은은하게 울려 퍼질 때

존재의 미로 020
산사 022
비천 024
최고의 사치 028
이슬 속의 세상 030
솔잎에 맺힌 바람 031
누각에 올라서 034
계곡에서의 한 생각 036
바람의 옷 037
어찌할 수 없는 한계성 038
평등의 외침 040
쉽게 죽으리라 042
진리의 뒤안길 046
미혹이라는 이름의 붓다 048
권학문 Ⅰ 050
권학문 Ⅱ 051
때론 과감하게 054
당신은 어디에 서 있는가 056
진정한 이익 057
찰라생 찰라멸 060
일체가 성인인 세계 062
순례 063
삶은 낮은 것이 좋다 066
뜻이 높으면 존재는 고요하다 068
초인이 온다 070

실상의 자유를 벗하며

높은 곳을 좇지 말라 080
미진 082
마을 길을 거닐어라 084
바다의 너그러움 088
깨어 있는 이는
내일을 꿈꾸지 않는다 090
본래의 이치 092
영원의 수레바퀴 094
변화만이 진리다 096
너무나 당연한… 098
아침의 빛 099
소요의 즐거움 102
그림자 없는 배 103
천안 104
내가 별을 볼 때 106
화려한 위장술 108
폭우 110
생의 밑거름 111
개구리 한 마리 114
비 오는 날에는
바람이 되고 싶다 115
이것도 좋고, 저것도 좋은 118
민들레 119
여름에서 가을이 간다 120
가을 산 124
슬픔이 고일 곳은 없다 126

나의
실존을
관조하며

현재의 지금 134
환과 실 135
언제나 문제를 가져라 136
나의 나 138
스스로가 그린 환상 142
나에 대한 집착으로 144
깨침의 빛 멀구나 146
나에게로 돌아가리라 148
무지개의 끝 149
몽환 속의 진실 152
나만의 나 154
내일은 그저 내일로 놓아두라 156
어제의 나, 오늘의 나 160
사유의 검 161
깊은 고요 속으로 164
바람에 잠길 때 166
관조 168
겨울은 간다 170
흘러간 것에 대한 회상 171
어둠 속의 빛 174
존재의 자유 176
나는 사막이 되고 178
오직 나로서 떳떳하기를 182
침몰 184
바다의 자비 186

나를 사랑하는 바로써 남을 그리며

존재의 사랑 196
사랑이란 198
화엄의 꽃 200
내 마음이 붓다라면 204
홀로 존재함 206
바른 관찰 208
자유의 나 209
잠 깨인 자의 넋두리 210
참으로 중요한 것 214
선계를 밟으며 216
불성 = 무아 218
잠든 세상에 깨어 있는 자 220
미덕과 악덕 224
언제나 잃을 수 있다는 생각으로 225
목적 없는 일 226
생명수 228
눈사람의 덕 232
생기 예찬 234
꽉 쥔 손을 펴면 236
삶을 이야기할 수 있는 사람 240
삶은 치열하지만 존재는 평안하다 242
그대는 빛이라네 244

들어가며

우주의 행복을 위하여…

당나라는 선禪의 황금시대인 동시에
시인과 예술의 절정이기도 했다.
예술은 시대를 반영하며,
정신을 계몽하기 때문이다.

당나라에는
시선詩仙 이백과 시성詩聖 두보 외에도
시불詩佛 왕유가 있다.
왕유는 남종 문인화의 시원을 연 인물로
시와 그림에 낙숙樂熟했던
일격逸格의 불교인이다.

북송의 소동파는
왕유의 시와 그림을 보고,
"시 속에 그림이 있고(詩中有畵),
그림 속에 시가 있다(畵中有詩)."고 했다.
이는 매우 운치 있는 말이지만,
곡진曲盡한 표현은 아니다.

나라면 응당
'시가 그림이고(詩卽畵),
그림이 시다(畵卽詩).'라고 했으리라.

'삶이 그대로 깨침이면,
존재는 언제나 예술이 된다.'
이는 선과 예술의 위대한 조화調和다.
본질 군상에서 본다면,
명나라 동기창의
"만 권의 책을 읽고(讀萬卷書),
만 리를 여행하라(行萬里路)."는 말은
처연한 애달픔일 뿐이다.

지난 2000년 시집을 냈었더랬다.
절판된 걸 아쉬워한 분들께서
더러는
'다시 보게 해달라.'는 요청을 주셨다.
해서 수정하고 보충하며,
옛 낭만의 길 위를 거닐어본다.

우주의 눈으로 보면,
모든 소리는 존재의 시가 되며
만물의 변화는 자유가 된다.
그 흔적 없음을 따라,
나는 오늘도
영원의 그림을 휘감고
불확실한 단상으로 나아간다.
진실은 오직 그 안의
손끝에 있으므로···.

                              슬픔이 미치지 못하는
                              사망의 지평선에서,
                              일우 자현 적음

법음이 은은하게

울려 퍼질 때

눈을 뜨면 경서經書를 보고

눈 감으면 하늘을 안으니

어찌 옛 성인을 그리워하랴.

오늘의 내가 곧 어제의 그인 것을….

존재의 미로

눈을 떠 세상을 바라보면
물안개 속에 갇혀 있는
어두운 삶의 양태, 그 군상群像이 있다.

그대여, 실상을 벗하지 못한다면
인생에서 한 번은 눈을 감는 용기를 보여,
그대의 영혼을 진리의 들판에 풀어놓아라.

죽음의 그림자가 존재치 않는 곳에
태고의 왕국으로 통하는 길이 있나니,
너는 그 길의 끝에서 붓다를 보리라.

산사山寺

고요한 산사에 비가 내리면
고즈넉함은 한적함에 물이 든다.
승려는 있으나 말이 없고
금당金堂의 부처님은 명상에 잠겨 있으니,
빗소리가 비에 씻기지 않듯
성인聖人의 미소는 끊이지 않는구나.

비천 飛天

비천은 어이하여 하늘에서 나리는가!
꽃다운 용모에 악기를 들고
누구를 위하여 나리는가.

우아한 선線의 멋이 표표飄飄하구나!
비천의 하늘 옷은 바람보다 자유로우니
이는 내적인 그림자가 엉키어 서림이라.

비천은 어이하여 공양을 올리는가!
높은 이를 받들고서 스스로 안주코자
부처님을 찬탄하며 온갖 것을 흩뿌린다.
참다이 공양할 분을 공양하매,
비천의 하늘 옷에는 구김이 없구나.

최고의 사치

꾸밈에는 슬픔이 있으니,
소박함의 덕으로 돌아가
스스로의 내면과 친화하라.

자신을 믿지 못하고
가만히 드러나는 바에 부끄러워하는
처량한 영혼을 애도한다.

자신을 자신으로 드러내고
스스로를 스스로로 관조觀照한다면
이 또한 아름답지 않은가!

천하를 덮으려는 생각을 거두고
삼척三尺의 그림자로 소요逍遙할 수 있다면,
이는 만족을 아는 자만이 드러낼 수 있는
최고의 사치가 아니겠는가!

이슬 속의 세상

새벽 그늘에 뽀얀 안개 끼고
풀잎에는 싱그러운 이슬이 맺힐 때,
세상은 거대한 신비에 휩싸여
낱낱의 이슬 속에 머문다.

맑고 깨끗하기에 비로소 가능한
투명한 구슬의 영상과 비춤,
우리는 그 속에서
존재에 대한 앎을 이룬다.
풀잎이 흔들리면 땅으로 사라지고
태양 빛 맺히면 흔적 없이 스러지나니
이로써 우리는
이 세상의 가치를 배운다.

솔잎에 맺힌 바람

솔숲의 바람은
솔 내음을 간직한 채
싱그럽게 떠오른다.

그 빛이 신령하기도 하고
깨끗하기도 하여
영생의 입로入路가 되니,
때로는 변화하여
송이로 맺히고, 호박이 된다.

참된 기운은 바람에 있으나
보이는 것은 형상일 뿐이니,
고요히 사유하여 관조하면
솔잎을 지나는 바람은
푸름을 머금고 있음을 알겠구나!

누각에 올라서

드높은 누각에 올라
위태한 난간에 의지해
천하를 바라보니,
천하는 본래의 천하인데
내 눈만이 섧구나.

무엇을 추구하기에
높이 솟아서 멀리 보는가!
따로 뜻한 바 없다면
멀리 볼 일 없을진대,
이제 끝내 뿌리치니 못하니
이로써 보는 것이 슬프구나.

계곡에서의 한 생각

뜻이 높으면 스스로 고요하나니,
수행의 길이 필요치 않다.
호젓한 계곡에 발 담그고
흘러가는 시냇물을 묵연히 바라보면
정신에는 번뇌 없어 청명함이 고이고,
마음은 서늘하여 사랑의 길 끊긴다.
가고 가는 물길 속에서 바위는 의연하듯,
시끄러움만 여읜다면 언제나 투명한 것을….

바람의 옷

잔잔한 물결의 일렁임을 보고 있자면
인생은 여유롭게 흩날리며,
푸르른 가을 하늘을 안은 듯
가슴은 싱그럽기만 하다.

어느 날 돌연한 바람이
고이 잠든 물결을 깨워 파도를 깎아내면
물속의 타오르는 불꽃,
물의 분노와 마주하게 된다.

비록 바람에 의한 것일지라도
내 눈은
물의 그림자만을 비출 뿐이니,
나는 물에 가려 바람을 보지 못하는
현상의 착각에 다시금 규정되고 만다.

어찌할 수 없는 한계성

타오르거라, 불꽃아!
너는 그렇게 끊임없이 타오르건만
너 자신을 태우지는 못하는구나.

흘러가거라, 냇물아!
잔잔한 대지의 씻김 속에서도
너 역시 자신을 씻지는 못하는구나.

저어가거라, 바람아!
낙엽을 쓸고, 눈보라를 휘몰며
너는 그렇게 네 존재를 날리고자 하는구나.

놀아보려무나, 진리야!
어차피 너의 밖에 네가 없는데
너는 왜 자꾸만 추구의 대상이 되어
존재의 드러난 실상을 가리려고 하느냐.

평등의 외침

평등이란,
같은 것을 추구하는 것이 아닌
다름을 인정하는 것에 있다.
바르다는 것이 곧은 것이 아니듯,
평등이란
<u>스스로가 스스로</u>에게 속삭이는
자유의 향기, 아름다움의 물결이다.

이제 나는 같아지기 위한 평등이나
평등하기 위한 평등을 거부한다.
그 속에는 평등을 가장한
불평등의 그림자만 가득할 뿐이니,
나는 불평등을 불평등으로 받아들이는
진정한 평등과 마주하고 싶다.

섧게 죽으리라

슬픔이 고이는 것을 원치 않는다면,
사랑하지 말라.
매일 마주 보며 인사하는
그러한 담담함이 또한 좋지 아니한가!
괜스레 어색하게 외면하는 일일랑은
너무나도 멋쩍고 가슴 시리다.

그리움의 자국 남기지 않으려거든,
이별하지 말라.
사랑을 심장에 묻고 천 리를 가는 길은
너무나 고달프고 멀게만 느껴지나니,
보지 못하면 보지 못하는 것이 좋은
관계의 매듭만을 영글어놓아라.

홀로이 눈물짓지 않으려거든,
부질없는 인연을 맺지 말라.
시간의 흐름은
거친 노도怒濤와 같이 휘몰아치고
그대의 존재는 그 속에 갇혀 있나니,
비명의 끝맺음조차 없는 그곳에서
그대는 돌아보지도 못하고 쉽게 죽으리라.
자신의 영혼조차 어디론가 떠나버리고….

진리의 뒤안길

하느님이여!
나는 그대를 책망한다.
세상을 이토록 불공평하게 창조하고
끊임없는 갈등의 고리 속에 쌓아두고서
떠받들려 찬양되길 기대했는가.

하느님이여!
이제 신이라는 가면을 걷어내라.
스스로를 높이고
여타의 가치를 낮추기 위해,
그대는 자신을 속이고 가려둔 채,
이 세계의 유지를 위해
쉬지 않는 바 되었구나.

하느님이여!
나는 그대를 위해 슬퍼한다.
나는 거친 황야 속에서도
변화를 즐기며 저어가는데,

그대는 아무런 좌표를 가지지 못하고
영생의 궁전에 홀로 앉아 있구나.

그대여!
죽음이 없다고 기뻐 말라.
자신의 주검을 사랑하는 이만이
삶의 진실을 알 수 있나니,
나는 그대와 달리 하루하루를 죽어가며
진리의 뒤안길에서 소일해보노라.

미혹이라는 이름의 붓다

그대여!
중생을 위해 붓다가 있는 것이 아니오
붓다를 위해 중생이 있는 것이니,
나약한 영혼의 의지처를 구하지 않는다면
묶인 바 없는 속박은 스스로 끊어지리라.

그대여!
진리를 구해 샘을 파지 말라.
노력이란
또 다른 수고로움만을 불러일으킬 뿐,
그 자체가 안식으로는 화하여질 수 없는 법.

그대여!
스스로의 투명한 영혼만을 관조하라.
해탈은 존재의 실상을 여의지 않나니,
일체는 고요히 열반에 들어 있을 뿐이다.
현재의 바로 이 군상에서….

권학문 勸學文 Ⅰ

묵묵히 앉아 고요의 깃을 보노라면,
문득 일어서는 아침을 보듯
죽음의 그림자를 넘는
나의 해맑은 미소를 보게 된다.

그 언제부터 존재해왔을
티 없는 순수의 지고한 물결 속에,
나는 잠긴 듯 감싸인 채 소요하며
지금이라는 현재의 나로 깨어난다.

눈을 뜨면 경서經書를 보고
눈 감으면 하늘을 안으니
어찌 옛 성인을 그리워하랴.

오늘의 내가 곧 어제의 그인 것을….

권학문 Ⅱ

하루하루 경을 읽으며 생활하라.
오늘이 가고, 내일이 올 때
오늘과는 분명히 다른
내일의 너를 그려올려라.

하루는 분명 또 다른 하루로서
고요 속에 깨어나고 있지 않은가!
너의 존재는 존재라는 영속성 속에
세월의 변화와 더불어 가는 것이니,
그렇게 나아가는 존재의 흐름에
너는 편안히 스스로를 맡길지어다.

때론 과감하게

인간은 행복을 추구하지만,
행복에는 명확한 정의가 없다.
추구 대상의 불명확함,
이것이 인간을 허덕이게 한다.
그러므로 현명한 사람은
때론 과감하게
행복에 대한 추구를
버릴 줄 아는 것이다.

당신은 어디에 서 있는가

진정한 행복이란,
무언가 희생의 대가여서는 안 된다.

온전한 행복이란,
그 자체로 만족스럽고
흐뭇함이어야만 하기 때문이다.

우리는 때로 이것을 놓친다.
그래서 노력이라는
처절한 인고를 감내한다.

그러나 행복은 결과에 있을 수 없다.
이것이 행복을 모른 채 죽는 자들의
공통된 비극이다.

이것을 아는 자는 오늘을
결과가 아닌 과정으로 즐긴다.

당신은 지금 어디에 서 있는가!
또 무엇을 딛고 서 있는가!

진정한 이익

주먹을 쥔 사람은
아무런 공간도 가지지 못하지만,
손을 편 사람은
세상을 어루만질 수 있다.

그래서 천하를 가진 이는
욕심이 없고,
나를 성취한 이에게는
별다른 집착이 없다.

애착은 결핍의 소산이니
통연히 툭 터서 내려놓아라.
무소유야말로
모든 소유의 완성이니,
덜어서 부족하게 만들지 말고
완전함을 밝혀
본래의 행복을 소요할지어다.

찰라생 찰라멸 刹那生 刹那滅

우리는 순간을 살고,
순간을 죽을 뿐이다.
이 찰라생 찰라멸을 자각하면,
삶과 죽음을 초월하게 된다.

생사를 연속의 변화가 아닌 순간으로 보면,
모든 사슬은 일거에 끊어진다.
마치 연속된 영화 한 편은
필름 한 칸에 담긴
장면과 장면들의 연속인 것처럼….

일체가 성인인 세계

내 마음이 우주요,
우주는 나의 드러남이다.
내가 걷는 길이 경전이니,
일체가 성인인 세계 속을
우리는 오늘도 그림자 없이 노닌다.
이것이 우주의 거친 숨결 속에서,
선율을 타고 유희하는
가녀린 생명의 완전함이다.

순례

영혼의 찌든 때를 씻고,
청정함으로 나아가는 행보.
그곳에 순례가 있다.

흙탕에 구른 마음 씻어 맑아지듯
순례는 거듭남의 실천,
푸르른 정신의 미학이다.

순례자는 낮고 험한 길을 걷지만,
매 순간 죽고, 매 순간 깨어난다.
죽음과 부활을 반복하면서
껍질을 벗겨내고
자유로운 해탈로 나아간다.
자각과 각성을 통해,
구름 너머의 창공을 소요하기 위해….

삶은 낮은 것이 좋다

뜻은 높은 것이 좋고,
삶은 낮은 것이 좋다.

뜻이 높으면 걸림이 없어
모든 일에 유연하고 자유롭다.
높이 나는 새에게는
장애가 있을 수 없기 때문이다.

삶이 낮으면 편안함을 좇지 않나니,
불편을 감내하며 묵묵히 전진한다.
걸림은 있지만 장애는 없고,
힘듦은 있지만 슬픔은 없는 것,
이것이 낮은 이의 치열한 삶이다.

낮은 이는 오늘도 높은 뜻을 품고
처절한 군상을 관통하며,
존재를 승화해 현실을 관조해낸다.

뜻이 높으면 존재는 고요하다

뜻이 높으면
존재는 고요하고,
생각이 순일하면
마음은 평화로운 법.

잠시 잠깐의 행복은
얕은 속임수일 뿐
결코 본질을 관통하지 못한다.

정직은 심덕心德을 북돋는
떳떳함의 자산이 되나니,
부디 질러감을 탐하지 말고
대도행大道行을 떨칠지어다.

초인超人이 온다

저 멀리 초인이 온다.
모든 질곡을 넘어
기나긴 여정을 마친,
초인이 온다.
많은 상처와
흐트러진 옷매무새는
초인의 험난했던 여정을
그대로 드러낸다.

초인은 죽지 않았다.
비록 지치고 힘들었지만
초인은 굴하지 않는다.
남루하지만 눈빛은 형형하며,
사건을 꿰뚫는 엷은 미소.
초인에게는
처연한 아름다움이 있다.

죽지 않는 초인이 온다.
조짐에서 변화를 읽고,
충돌하지만 무너지지 않는
무쌍無雙의 위대한 초인.
그 초인이 바로 너다.

초인이 초인임을 자각하면
초인은 더 이상 오지 않는다.
감이 없으니 옴이 없는 것.
이것이 진정한 초인의 행보이자,
깨어 있는 그대의 삶이다.

거룩한 깨침 속에서
우리 모두는 초인이 된다.
세계도 역시 초인이 된다.
이때 저 멀리서
흐릿한 초인이 온다.

실상의 자유를

벗하며

대지에 비가 오면 비와 함께 내려오고

하늘에 바람 불면 바람 되어 올라간다.

나의 존재는 비록 보잘것없지만

천지와 함께하니 그대로가 천지로다.

높은 곳을 좇지 말라

산안개 곱게 올라 구름을 맺으니,
작은 뜻 드러나 새하얀 옷 입음이라.
산에서 나왔으나 산빛을 얻지 않으니,
이는 그 뜻이 높은 데 있음이라.

파란 하늘 위에서 홀로 깨어나
바람을 타고 천지를 유람하며
간곡한 뜻 맺어 완성을 추구한다.

그는 하늘이 되고파 부르짖으나,
홀연히 잿빛 안개를 만나면
온통 먹물 빛을 뒤집어쓰고
대지 속으로 전락한다.

그대여! 높은 곳을 좇지 말라.
한 번의 실족으로 고운 빛 잃으리니
천지는 그저 천지일 뿐이오,
창천은 항상 푸르기만 할뿐이다.

내가 나를 버려
그것 된다 생각 말라.
헛되이 생각 내면 가슴만이 멍드나니….

미진 微塵

대지에 비가 오면 비와 함께 내려오고
하늘에 바람 불면 바람 되어 올라간다.
나의 존재는 비록 보잘것없지만
천지와 함께하니 그대로가 천지로다.

아득한 미래, 내일의 한 시점에서
내가 때로 강을 타고 바다에 이르면
나는 바다의 푸르름을 노래할 것이다.
또 언젠가 우주로 날아간다면
나는 우주를 사랑하여,
그를 내게 허락하리라.

마을 길을 거닐어라

산세가 좋아 산에 들어 살았으나
산빛을 바라보니 무상함만 느껴진다.
그 자태, 옛과 같지 않음을 설워하며
길게 탄식한 후 깊은 시름 잠겨본다.

산빛에는 계절이 있으나 산세는 오래며
산세는 무상하나 이치는 항상하다.
허망한 그림자 속에
또다시 그림자가 엉킴이라.

산에 와서 그림자 끝을 좇지 말라.
그림자에는 옛과 이제가 없으며,
허망하기로는
그림자나 그림자의 그림자가 다름이 없다.

마을에서 잃었으면 마을에서 찾을 바요,
산에 와서 찾는다면 부질없을 뿐이다.
이미 알고 있는 것이 아니라면
다시금 헤아려도 알 수가 없고,
이미 내 것이 아니라면
찾아본들 덧없을 뿐이다.

마을에 없는 것은 산에도 없고,
산에 있는 것은 마을에도 있나니,
피하여 가지 말며 추구하여 좇지 말고,
오늘의 안식을 찾아 마을 길을 거닐어라.

바다의 너그러움

바다에 파도가 이는 것은
바다의 뜻한 바가 아니오,
심연의 잔잔함 역시
바다의 의지와는 무관하다.
바다는 본래 아무런 뜻 없나니,
고요함과 혼란이 함께해도
언제나 너그러워 여유로울 수 있도다.

깨어 있는 이는
내일을 꿈꾸지 않는다

천국에 이르는 나무는
뿌리를 지옥에 두고,
내일의 나를 얻으려는 이는
오늘 속에서 미소 짓는 법을 배운다.

깨어 있는 이는 내일을 꿈꾸지 않나니,
현재의 나를 걸을 때
지혜의 불꽃, 법계法界에 치성하리라.

나는 오늘도 붓다와 함께
고요의 정원庭園을 거닐어본다.

본래의 이치

물은 흘러 끊임없이 바다로 가고,
사람은 나면서부터 죽음을 벗한다.
얼음은 투명해도 이슬만은 못하나,
불길을 거닐면 자유를 얻어 노닌다.
삶을 살면서도 목적을 묻지 않는다면
빈 마음 스스로 닦고 닦으리니,
봇짐 하나 짊어지면 일체가 내 것인 것을….

영원의 수레바퀴

가을 이슬에 맞아
나뭇잎에 피멍이 들면,
문득 지는 태양의
핏빛 땅 그림자가 생각난다.

당연히 갈 바의 길인 것을
애써 묶어두고자 하니,
자연인들 어찌 무사할 수 있겠는가!

그렇게도, 그렇게도 기약 없는 세월은
영원의 수레바퀴를 굴려나가니,
이것이야말로 우리의 현 존재요,
찬연한 미망의 화환花環이 아니겠는가!

변화만이 진리다

수행자는 매일매일을 걷나니,
언제나의 '현재' 속에는
삶도, 죽음도 끼어들 여지가 없다.

생生을 말하지도
불사不死를 논하지도 말라.
본래로 나는 그것과 무관한데,
두려움이 앞서는바 주검이 존재한다.

오늘을 어서 끝내고 내일을 쉬려 한다면
그대의 무덤에는 덤불만이 무성하리라.

너무나 당연한…

진정한 아름다움에 눈뜬다면
진리라는 말이 존재할 수 있을까?
진리는 언제나 속박 속에서의 진리일 뿐이니,
일체의 구속을 벗어던진 해탈자에게
진리란, 개념이 만들어낸 환상일 뿐이다.

진리라는 말이 들린다면,
그대는 아무런 생각도 움직이지 말고
가만히 눈을 들어 주위를 보라.
그러면 문득 보는 바가 있으리니,
도시의 바람이 가로수 잎을 흔든다.

아침의 빛

아침 햇볕이 좋다고 말하지 말라.
그 속에 저녁노을 깃들어 있나니,
사람의 인생도 그와 같아
뜻이 펴질 때 드높음을 알지 못하면,
만년에 이르러 아침 이슬 쥐게 되리라.

그때 허망한 환영 속에서
문득 소매를 적시리니….

소요逍遙의 즐거움

하려 하지도 말고
하지 않으려 하지도 말며,
그저 자연스러움에 스스로를 맡겨라.

인위적인 노력은 너를 속박할 뿐이니,
느긋함 속에서
지켜볼 수 있는 여유를 가지고
그저 이 순간을 즐겨라.

비교하고 생각함을 버리며
또다시 그러한 것마저도 버린다면,
너는 순간의 존재로 영원하리라.

그림자 없는 배

너무나 잔잔하여
투명하기까지 한 호수 위를
그림자 없는 배가 고요히 저어간다.
신이나 성인의 자취 없어
그지없이 안온한
복되고도 평화로운 삶의 안식처…
그 환한 그늘 위를
나의 해맑은 의식은 나아가고 있다.
외부의 거친 손길을 멀리 여의고
외로움을 떨치며
수줍은 미소를 벗 삼아 홀로 간다.
생명의 근원이며 변화의 실상인
무한의 저 너머로….

천안天眼

비 긋고 드러나는 태양은
갓 씻은 상쾌함을 머금는다.
그러나 태양에게
시원함은 존재하지 않는 것.

닫힌 눈으로 보면
밤과 낮이 있지만,
열린 눈에서는
언제나 밝음일 뿐이다.

그 경계를 알고자 한다면,
가린 눈을 감고
하늘 눈을 뜨며,
우주가 그대로
눈일 뿐임을 자각할지어다.

내가 별을 볼 때

내가 별을 볼 때,
별은 내게로 온다.

별은 그 순간
존재에서 의미로 바뀐다.

그리고 그때 나는
비로소
수단이 아닌 목적이 된다.

화려한 위장술

꽃은 사람들이 자신을 보아주고,
예쁘다고 감탄해주길 원하지 않는다.
그래봐야 꽃에게는
꺾이는 재앙만 초래될 뿐이기 때문이다.

꽃의 아름다움이란,
실은 살아남기 위한
화려한 위장이다.
동물이나 곤충이
보호색을 띠듯,
생존을 위한 발악
그 이상도 이하도 아니다.
이것이 바로 생의 실존이며
낭만의 허상인
우리네 삶의 고苦이다.

폭우

폭우가 모든 소리를 삼켜버릴 때
나는 내면의 생각으로 돌아온다.
밖으로 치닫는 것의 무가치함을 깨달아
안을 비춰보게 하는 존재의 거룩한 울림.

조금도 버릴 것 없는 세계는
언제나 고요 속에서 나를 반긴다.
오늘의 폭우는
나를 말해주는 또 다른 나,
영원한 존재 가치로
그렇게 자리매김하고 있다.

생生의 밑거름

아직 봄이라기에는
소슬함이 남았으나,
이미 바람은
지난 자취를 되돌릴 수 없다.
변화는 언제나
또 다른 탄생을 잉태하고 있는데,
우리는 그 끝자락만을 부여잡고
애달프게 울부짖곤 한다.
모든 생명이란
죽음을 밑거름으로 탄생한다는
존재의 흐름을 관조한다면,
삶은 언제나
죽음을 넘어서 있음을 알게 된다.
아득히 높이 나는 황금빛 새처럼….

개구리 한 마리

밤사이 많이도 내린 비가
낮이 되니 햇빛에 뒤섞여
보석처럼 떨어진다.

무더위에 지친 나무가
싱그럽게 한껏 기지개를 켤 때,
땅 위로 개구리 한 마리가
길을 잃고 헤맨다.

길을 모르면
함부로 나서지 마라.
비 긋고 태양만 남게 되면,
물은 언제 그랬냐는 듯 사라지고
너만 홀로 황망하리니….

비 오는 날에는 바람이 되고 싶다

비가 오는 날에는
바람이 되고 싶다.
아무것도 없는 광막을
질주하는 바람보다
무수한 빗속을 자유로이 오가는
진정한 낭만의 바람.

걸림 없는 곳에서는
누구나 평화로운 법.
참된 자유란,
장애 속에서도 평안하고
여유로움이 묻어나는 것이니,
나는 오늘도 비 오는 날의
소슬한 바람이고 싶다.

이것도 좋고, 저것도 좋은

힘껏 솟은 나무는
벼락을 맞지만,
게으르게 흐르는 물은
낮게 흘러 바다에 이른다.

물러남에 안주하면 평안하지만,
단조롭고, 거침이 없으면
즐겁지만 풍파가 많다.

무엇을 쥐고 무엇을 놓으며,
어느 리듬을 타고
천하를 유영해야 하는가?

삶은 낭만이고
존재가 예술임을 안다면,
이것은 좋고, 저것도 행복이나니
오늘도 지평선 너머로 태양은 진다.

민들레

비상을 준비한 민들레는 아름답다.
곧 무너지고 흩어질 것이므로
거룩하기까지 하다.

바람에 저항하며 붙어 있는 홀씨는
가녀리고 처연할 뿐이다.

떠날 때를 알아 가볍게 소요하며,
뒤돌아봄 없이 자유롭게 나아가는 것.
이것이 민들레의 무너지지 않는
거룩한 아름다움의 자취이자,
허공을 품에 안은 충만의 가치이다.

여름에서 가을이 간다

섣부른 계절이
다리를 절듯 지나간다.
무더위와 폭우를 섞어 치며,
힘에 겹다.

간혹 내비치는 찬 바람은
여름 속에 서린 가을의 기상.
이제 더위를 넘어선
새 계절이 오고 있다.

방학이 끝나듯
삶의 한 켠도 접혀 들어간다.
영원히 펼쳐지지 못하는
흑백 사진 속 망각의 늪으로….

가을 산

푸르고 고요한 물결 위로
가을 산은 한 폭의 풍경화를 펼쳐낸다.
녹빛에 점점이 박힌 붉은빛.
물에 젖은 산은 아직 채 타오르지 않는데,
물결 위로 바람을 긋고 흰 구름만이 흘러간다.

슬픔이 고일 곳은 없다

비는 눈물이 되어 흐르고,
시는 낭만이 되어 내린다.
그 사이에 우리의 존재가 있나니,
삶은 꿈을 꾸고,
이슬은 영혼이 된다.

지평선 너머에
꿈이 드러나는 현현의 벌판이 있으니,
대장부는 말하기 전에 알고
미소 짓기 전, 숨결에 젖어 든다.

모든 끝은 새로운 시작이나니
언제나 시작만을 본다면,
슬픔은 고일 곳이 없고
행복은 여읠 수가 없으리라.

나의 실존을

관조하며

생사가 있지 않고 빛과 그늘도 없으니,

분별이나 집착이란, 모두 무엇인가?

본질을 추구하지도,

진리를 사랑하지도 않으니

깊이 걸어도 자취는 남지 않는다.

현재의 지금

지평선을 건너리라.
저 너머에 깨달음의 언덕이 있다면
나는 지평선을 건너리라.

그러나 지평선은 무지개일 뿐,
일체에는 고정된 실체가 없나니
이 또한 매인 바가 아니었어라.

죽음을 팔아서라도 건너야 할
그 지평선은 애초부터 없었다.
내가 지평선의 참다운 실체를 알 때,
나는 고요히 '지금'에서 열반에 든다.

환幻과 실實

나의 실존적 가치는
존재의 실상에 가려 있는데,
철모르는 아이들은
절대의 청정을 이야기하네.
머나먼 곳, 아득한 저 세계 끝에
불사不死의 나라, 찬란한 금빛 세계 있다고….
일찍이 그곳에서 온 이 없건만
꿈을 좇는 나그네는 그곳으로 간다네.
이곳을 버리고 저곳을 얻으리라고….

언제나 문제를 가져라

수월한 것이 좋기는 하지만
어려움이 없다면 자라지 못한다.
자기의 문제를 가진 자만이
멈추지 않고 크게 일어나는 법.
하늘을 받칠 기둥을 세우고
새로운 나를 열고자 하거든
뜻을 굳게 가지고 확충하여
어려움과 고난에 굴하지 말고 나아가라.
나의 존재적 가치를 의심하기에 이른다면
그때 진리의 칼날을 밟고 우뚝 서리니….

나의 나

죽음이 그리워서 삶을 사랑하나니,
이로써 나는 나의 존재를 본다.
비 온 뒤 타오르는 산안개같이
실상을 가지지 않고 변화變化로 존재하는
실다움을 찾을 수 없는 나의 나.
나는 이러한 나의 깊은 관조 속에서
죽음을 넘어 자유하나니
이는 내가 '삶'을 멀리하지 않는 까닭이다.

스스로가 그린 환상

사람들이 모두
진실이라 여기는 것 속에서
나는 문득 거짓의 그림자를 느낀다.

인간은 뒤틀린 영혼에 속박되어
곧은 것을 볼 수 없으니,
어찌 참다운 것이 눈에 비칠 수 있겠는가?!

이 도시는
언제나 뿌연 잿빛 안개 속에 휩싸여 있고,
우리네는
저마다 비수를 감춘 채 냉기만을 내뿜고 있다.

이제 머지않은 미래에 태양은 떠오르리라.
어두움이 깊을수록 그 자취 역력하나니,
그늘 속에 잉태된 태양은
밤을 이기고 낮으로 다가오리라.
그때 모든 이들은 자신의 왜곡된 영혼이
거짓의 자취 없는 진실을 낳았음을 알게 되리라.

나에 대한 집착으로

슬픔의 빛을 타고
고요를 저어갈 때,
가슴 한구석에서
스산함이 몰려온다.

오늘을 끝으로 내일이 오지 않을
뒤가 있을 것 같지 않은
끝없는 막연함의 두려움.

일찍이 존재가 있었다면
당연히 그 끝이 있을 것인데,
어찌하여 이제는 두려움만 남았는가!

'내일이 없어도 좋으리라'
애써 외쳐보지만,
어둠의 공포는 소리를 삼켜
내 귓전에도 들리지 않는구나.

깨침의 빛 멀구나

중생은 본래 중생이 아닐진대,
붓다가 있음에 비로소 중생이 된다.
깨달음은 고래古來로 나를 여의지 않았는데
'나'를 고집하므로 깨침의 빛 멀구나!

존재하지 않는 가야 할 길
그대는 지금 무엇을 찾아 걷고 있는가?
그림자는 본래 형체를 따라 생기나니,
나를 버리지 않는다면
어떻게 그림자를 여읠 수 있으리오.

그대는 지금 어디로 가고 있는가?
길에는 본래 그 끝이 있지 않고
형상은 홀로 독존할 수 없는 법.
안으로 나에 대한 바른 견해 세운다면,
따로 가야 할 길은 존재치 않으리라….

나에게로 돌아가리라

신만이 존재할 때
그의 소리는 우리의 귀에 들리지 않았다.
우리가 그를 그려볼 때,
우리는 이미 명확한 존재로서
땅을 딛고 있었다.

내가 있기 전에는
실존했다 해도 알 수 없고,
내가 드러난 후에는
초월로만 자리매김할 뿐….

추구하고 좇아보나 세월만 무상하고,
애타게 그리워해도 헛됨만 반조返照된다.
신은 한 번도 신화 속을 벗어난 적 없으니,
이제 나는 나에게로 돌아가리라.
신화를 단지 신화 속에 묻고서….

무지개의 끝

하늘을 이고 천년의 숨을 쉬며,
태곳적 지혜를 찾아 머나먼 길 유랑했다.
죽음을 넘어선 곳에 집터를 마련하고
성현聖賢의 가르침 속에서 재목을 구하였다.
가는 걸음 바쁜 끝에 안주처를 얻었지만,
이제는 떠나리라.
오직 내 것인 곳으로···.

몽환夢幻 속의 진실

천성에 게으름이 많아
누워 자기를 좋아하고 바지런하지 않다.
해가 떠 옆구리를 간질여도
그저 무심하기 짝이 없다.

종일 뒹굴며 생각의 끝 좇다가
상상의 뜰 거닐며 환상을 꿈꾸니,
몽환의 진실, 흐릿하고 아련하다.

생사가 있지 않고 빛과 그늘도 없으니,
분별이나 집착이란, 모두 무엇인가?
본질을 추구하지도,
진리를 사랑하지도 않으니
깊이 걸어도 자취는 남지 않는다.

나만의 나

이 세상에 무수히 널려 있는
성인의 발자국들 속에서,
나는 더욱더 외로움의 숲으로 들어서는
왜소하기만 한 나를 본다.
언제나 그렇게, 내가 미칠 수 없는
그들의 존재란 무엇인가!

하늘이시여, 비를 내려라!
성난 폭풍우를 머금은 비를 쏟아라.
세찬 빗줄기로 발자국을 쓸어버리고
섬광과 같은 번개로
외로움의 숲을 불태우라.

나의 영혼은 본래 나에게 주어진
나의 것이 아닌가!
나의 바람은 언제나 소박하기 그지없나니,
나는 그저
나의 자그마한 주인이고 싶을 뿐이다.

내일은 그저 내일로 놓아두라

신은 사후와 같은
미래의 동산에서만 소요하나니,
오늘을 사는 내게 있어
그의 사랑은 멀기만 하다.
하루의 아침 속에서
또다시 지친 삶을 열어가야만 하는 나에게,
그대의 포근한 그림자는
너무나 아득하여 보이지 않는구나.

이제는 쓸쓸함을 디디리라.
미래의 이상이란 언제나 환상과 같아
지금으로는 깨어나지 않나니,
너희는 오지 않은 그곳에
이제 잠들어 있으라!
나는 깨어 있는 오늘에서
또 다른 오늘을 창조하리니,
이러한 내게 있어
너희가 깃들 곳은 영원히 없다.

내가 너희를 찾는 바의 소산도
이제는 없으리니,
나는 너희를 부르지 않고,
너희 또한 나를 보지 못하리라.

어제의 나, 오늘의 나

벽으로 둘러싸인 건물 속에서
명상의 샘을 파는 것은
외로운 투쟁이기 쉽다.
아무도 알아주지 않고
싸늘하게 등 돌리고 서 있는
흑백 눈빛의 사람들….
그런 사람들이 언제부터인가
그리 낯설지 않다.
내가 나의 손가락들이
닮아 있다는 것을 느꼈을 때….

사유思惟의 검

그대여,
사유를 닦아
예리한 검을 만들라.

모든 것을 분별하는
섬광 같은 밝음.
그것을 그대의 정신에 아로새겨
언제나 충만하게 하라.

이것만이
삶에 있어 최고의 축복이 되며,
정신의 자유로운 꽃이 되리니….

깊은 고요 속으로

우는 법을 잊은 새가 있다.
슬픔의 한도를 넘어 메말라버린 눈,
새는 모든 감정을 버리기로 했다.
열정도, 이상도 잃은 채,
새는 그저 존재할 뿐이다.

석양이 지면,
새의 그림자는 길게 늘어나
대지를 덮는다.
그 검은 그림자가
가슴을 드러낼 때,
새는 날아올라 둥지로 간다.

아무도 없는 깊은 고요 속으로,
새는 죽음을 관통하듯 나아간다.

바람에 잠길 때

높은 하늘 위의 새하얀 구름은
푸른 도화지 위에 그려진
단색의 수채화다.

색 없이도 조화로움 속에는
사고의 지평선이 녹아 있다.

슬픔을 넘어선 그곳에
기쁨마저 맺히지 못하는데,
광막한 충만이
우리를 손짓해 부르고 있다.

별이
일렁이는 가을바람에 잠길 때,
나는 하늘이 되고,
하늘은 푸른 바람이 된다.

관조

산이 깊지 않아도
은자隱者가 있으면 그윽하고,
폭포가 없더라도
용이 살면 신령하다.

주변이 정숙하지 않아도
내가 맑으면 평안한 법.
세상을 탓함에 앞서
고요히 관조함을 배울지어다.

겨울은 간다

마지막 눈비의 나림을 끝으로
겨울은 가고
우리네 삶도 간다.

봄이 오는 게 아니라
겨울이 갈 뿐이니
삶은 희망이 아닌 절망,
아니, 흐름이다.

그것은 모든 판단을 넘어
폭류 속을
흐르고 흐를 뿐이다.

호오好惡를 넘어선
영원의 지평선으로
오늘도 그렇게 가고 또 간다.

흘러간 것에 대한 회상

문득 산바람을 맞다가
옛 단상, 그 상념을 떠올린다.
흘러간 것에 대한 회상은
현재에 충실하지 못한
나태한 삶의 편린이다.
매사를 매사에 의하는 사람은
시끄러움을 관통하는 지금을 본다.
그리고 반드시
오늘과는 다른 내일을 만든다.

어둠 속의 빛

홀로 명상을 벗하여
죽음을 소요한다.
삶의 이면에 존재하는 어둠.
그것은 생이 내포하는 필연이다.

어둠 속에 가녀린 빛이 있나니,
그 소중한 투명함에 집중하라.
삶이란,
버리면 얻고, 얻으면 성취하며,
성취되면 자족한 것이므로….

존재의 자유

쓸쓸함이 기쁨이 되게 하라.
홀로 있음은 외로운 상태가 아닌
존재가 존재와 마주하는 시간이다.
이 시간, 우주는 나를 중심으로 돌고,
파괴는 또 다른 삶의 군상일 뿐이다.

나의 나됨을 알 때,
세상은 있는 그대로 깨어난다.
흑백세계 너머의 색상은
눈이 아닌 인식에 있는 것.
관점을 환기하고 우주를 돌려라.
깨어 있는 사람은
늙을 수도, 죽을 수도 없나니,
그는 언제나 존재로서 자유롭고
흐름으로 영원을 넘어선다.

나는 사막이 되고

사막은 우리로 하여금 겸손을 배우게 한다.
단색의 모래와 투명한 공기의 이글거림.
모든 곳이 열려 있지만,
길도, 탈출구도 존재하지 않는다.

애써 언덕에 올라도
보이는 건 광막한 모래의 지평선뿐.
누구를 탓할 수도,
누구를 원망할 필요도 없다.

뚜렷한 그림자를 뒤로한 채
묵묵히 걷고 또 걷다보면,
투명한 길은 문득 좌표가 된다.

발을 감싸는 모래가
부드러운 말을 걸어오면,
나 역시 사막의 일부로 승화한다.
이제 죽음의 지평선을 넘어
고요히 나부끼는 모래알을 느끼면,
나는 삶의 끝에서
사막의 진정한 자유를 만나게 된다.

그렇게 나는 사막이 되고,
사막 역시 나로써 깨어난다.

오직 나로서 떳떳하기를

진리는 삶을 따라 흐르고,
인생은 변화 속에서 자유롭다.
멈춤 없는 존재의 연속에
영원의 미소가 유여有餘하나니,
오직 오늘의 나로서
떳떳하기만을 바랄뿐이다.

어디에도 걸림 없는 존재의 당당함이
변화를 타고 항상함으로 휘감기를,
오늘의 나는 깊은 관조로 기도해본다.

침몰

누군들 죽음을 향해 나아가지 않으랴!
우리는 모두
존재의 깊은 이유를 지닌 채,
삶이라는 검은 바다를 표류한다.
목적이 있어도, 목적이 없어도
죽음이 멈추기 전까지
우리는 끊임없이 일렁이며 파도친다.

누가 낫고, 누가 못하다는 판단을 버려라.
누구의 삶인들 의미 없는 것이 있으며,
누구의 삶인들 슬픔이 없겠는가!
모든 나무에 성장의 아픔이 있듯,
우리 역시 나이테가 새겨진다.

배는 숙명적으로 침몰한다.
제아무리 높고 화려한 돛도
침몰 앞엔 하찮을 뿐이다.
겸손을 배우지 않는다면
애달픈 힘겨움 면치 못하리니,
나를 넘어서는 나로서만
멀고 먼 항해에 나서야 한다.
그때 그대는 멈춘 바닷속에서
흔적 없는 유희를 보게 되리라.

바다의 자비

고요한 존재의 심연에서
나는 눈물을 흘린다.
바다는 나를 위로해
슬픔을 씻어준다.

심연의 눈물에는 흔적이 없다.
눈물은 그대로 바다가 되어
흐르고 흐를 뿐이다.
일찍이 멈춘 적 없는
거대한 흐름으로의 승화.
나는 이제 바다로 깨어난다.

존재를 넘어선 슬픔에서
영원의 변화인 바다로,
나는 그렇게 거침없이 비상한다.

나를 사랑하는 바로써

남을 그리며

나를 위해서도, 또 남을 위해서도

눈물은 아무런 가치도 가지지 못한다.

그러므로 스스로를 벗하는 이는

삶에서 춤추고 죽음에서 소요하나니,

이것을 아는 이라면 어찌 미소치 않으리요….

존재의 사랑

내가 그대를 사랑하는 만큼
그대가 나를 사랑하신다면,
우리의 사랑은 변함이 없을 것입니다.

그러나 청산靑山은 예부터 푸르른데
유수流水는 만고에 흘러내려 쉼이 없으니,
참으로 사람의 일이란 알 수가 없습니다.

그러므로 나는
나의 일로써 그대를 사랑할 뿐
당신의 일로써 나를 사랑하지 아니하며,
존재의 일로써
소유하고자 하지 않을 따름입니다.

사랑이란

진정한 사랑이란,
스스로의 존재적 이유에 대해
묻는 것이다.
비록 그러한 물음이
불가능의 허덕임일지라도,
참되이 사랑할 줄 아는 이는
추구의 방식을 멈추지 않는다.
왜냐하면
그는 자신의 영혼을 소유하고 있는
참사람이기 때문이다.

화엄華嚴의 꽃

하루를 사는 것이
하루를 죽는 것보다 나은
삶을 사십시오.

지나간 삶을 돌이켜보고
내일을 설계하는
그런 사람일랑은 되지 마십시오.

내면으로 해탈의 신기루를 좇고
밖으로는 다른 사람들을 의식하는
그러한 삶을 살지 마십시오.

오늘의 나는 가장 자유롭고
현재의 나는 조금도 부족한 바가 없으니,
그러한 참된 나의 가치를 인식하십시오.

나의 영혼은 지극히 사랑스럽고
더할 수 없이 아름다운 것이니,
이는 바로 화엄의 꽃이며
열반의 빛인 것입니다.

내 마음이 붓다라면

내 마음이 붓다라면
마음 없는 이 없으니,
붓다 아닌 이도 없으리라.
그러나 모두가 붓다라면
붓다라는 명칭은 왜 있겠는가?!

내 마음이 붓다라면
중생만 없는 것이 아니라
붓다 또한 없어야 한다.
그리고 내 마음이 붓다라는
그 말마저도 없어야만 한다.

홀로 존재함

진리는 투쟁이 아니며,
삶이란 더불어 가는 바가 아니다.
나에 대한 생각을
내가 해주지 않는다면
나는 너무도 쓸쓸하지 않겠는가!

실다이 나를 알지 못하면
섣불리 남을 믿지 말지어다.
타인과의 관계성만 털어버리면,
천지는 그대로 '나'로서 드러나리니….

바른 관찰

비가 오면 빗소리가 좋고
바람 불면 바람 소리 청아하다.
세상에서 한 발 물러나
나의 주인으로 만족하니,
뜻에는 걸림 없고 마음은 한적하다.
공적空寂의 이치 스스로 고여 듦에,
낮에는 해를 보고, 밤에는 달을 본다.

자유의 나

잠을 자면 꿈이 비쳐
나의 존재 돋아나고,
잠을 깨면 현실세계
나를 얽어매는구나.

현실에서는 꿈으로,
꿈에서는 현실로 도피하나,
천지 사이에 평안한 곳 없다.
현실과 꿈 사이에
홀연히 표연飄然한 곳 있으니,
오늘 출발해서 어제 닿았다.

잠 깨인 자의 넋두리

한밤중에 홀연히 잠이 깨니,
나의 정신은
끊어진 잠의 뒤를 좇느라 여념이 없다.
애써 좇으나
날아간 새의 자취처럼 흔적 없으니
홀로 남아 못내 쓸쓸하구나.
인생도 이 같아
언제 나의 생명 사라질까 싶으니,
취한 듯 달관자 되어
생명의 시 노래한다.

그러고 보면
우리는 본래 시인이고,
나의 말도 이제는 시인 것 같다.

참으로 중요한 것

무지개다리를 건너
뽀오얀 안개에 휩싸인
마법의 성에 도달하면,
황금빛 연못의 투명함 속에서
우리는 미래를 알 수가 있다.

환한 비췻빛 곱게 물든
다가올 내일의 찬연함,
화사함으로 꾸며져 있는 그 속에
조금의 그늘도 없는 밝음이 있다.
다만 그 아름다움에 취해
'나'를 잃어버린다면,
오늘은 영원히 내일이 되지 않으리라.

선계仙界를 밟으며

아이야!
구름 위 신선세계 가보거라.
그곳에는 너의 꿈속 이상이 있나니,
너는 그곳에서 내일의 너를 찾으리라.

아이야!
옥화로玉火爐를 가지고 선약仙藥을 다리거라.
죽음을 초극한 단약丹藥이
그곳에서 익으리니,
너도 이제는 바둑을 배우며
조화롭게 노닐 수 있으리라.

아이야!
사슴을 타고서 달리거라.
고운 무지개를 건너 선학仙鶴을 따라가면
너는 어느덧 불사의 궁전에 이르리니,
이제는 하늘의 명부名簿에
너의 이름 있으리라.

아이야!
너는 이제 천만년을
돌장승처럼
생멸하는 인류의 행보를 보면서,
세월의 증인으로 그렇게 서 있겠구나!

내가 가고 억겁의 세월이 흐른 뒤에도
너는 남아 나를 조상弔喪하려무나.
나는 그저 오늘의 나로서
내일의 네가 되고자 하지 않으리니,
이는 내가 나를
진심으로 사랑하기 때문이다.

불성佛性 = 무아無我

삶의 길을 거닐다 외로움에 젖어들 땐,
천년의 숨결, 그 뒤에 숨어 있는
뽀얀 백색의 화사한 미소를 보라.
일찍이 태어나지 않았으므로 죽지 않고
저물지 않았으므로 떠오르지 않는
푸르른 가지 끝의 투명한 싱그러움.
너는 부디 그것을 잊지 말고
너의 영혼이 깨어 있음을 성취하라.
그것이 네가 외로움의 사선死線을 넘어
싱그러운 동산에 안식하는 것이니,
너는 그렇게 천년의 평안으로 복되어라.

잠든 세상에 깨어 있는 자

잠든 세상에 깨어 있는 자 되라.
몸과 마음이 지칠지라도
나의 영혼을 위하여 깨어 있으라.

모든 사람이 죽음의 벌판에서 쓰러지고
삶이라는 전쟁터에서 피 흘릴지라도,
나는 끝내 나를 버리지 않고
내 영혼의 조각을 부여잡고서 절규하리라.

어리석은 세상의 가치와 타협하지 말라.
일찍이 고귀한 임금으로 태어난 내가
어찌 이웃 나라의 하찮은 백성이 되랴.

마왕의 저주가 울려 퍼질 때,
이 세상은 빛없는 그림자가 되었도다.
세상에 그 누가 있어 이 어둠을 밝히리오,
나의 영혼이 해맑게 비출 때라야
이 세상은 비로소 통연히 웃으리라.

배우는 이는 자비의 눈물을 닦을지어다.
존재하는 모든 것은 스스로 안식하나니,
아는 이는 항상 모든 이의 평안을 본다.

나를 위해서도 남을 위해서도
눈물은 아무런 가치도 가지지 못한다.
그러므로 스스로를 벗하는 이는
삶에서 춤추고 죽음에서 소요하나니,
이것을 아는 이라면 어찌 미소치 않으리오….

미덕과 악덕

타인을 대함에 있어
온화함 만한 미덕도 없다.
그러나 자신을 마주함에서는
관용 같은 악덕도 없다.

언제나 '나'를 봄에
북극의 삭풍과 같은 추상이 함께하기를….
그러나 '남'에게는 언제나
미소와 편안함으로 부담됨이 없기를….

가녀린 의지 속에서,
다만
깊은 울림으로 바래본다.

언제나 잃을 수 있다는 생각으로

집착이 강할수록
상실에 대한 두려움이 깔리게 된다.

그러므로
언제나 잃을 수 있다는 생각을 가지고
일체를 대하라.

더 큰 자유를 원한다면,
나 자신도 빌려온 가치라고 생각하라.

새는 쉴 만큼 쉬면,
가지를 박차고 날아오르는 법이므로⋯.

목적 없는 일

힘든 일을 하는 사람보다
더 불행한 사람은
목적 없는 일을 하는 사람이다.

무엇을 위해서 뛰는지
생각해보지 않고,
뒤처지지 않기 위해
그저 죽으라고 뛰는 인생의 그림자는
애달프고 고단하기 마련이다.

지금 행복이라는 나침반을 꺼내라.
성실과 근면은 그다음 미덕일 뿐이므로….

생명수

하늘의 이슬이 영롱하게 흐르다,
리듬을 타고 내려오면
투명한 수정, 빗방울이 된다.

가장 높고 찬란한 곳에서
가장 낮은 데로 떨어지는,
산산이 부서지는 아픔을
누군들 알겠는가!

물은 구름간에 빛나지만
대지를 흐를 때는
뭇 생명을 살리는 법.
생명수란 본래
더럽고 무거운 고통을 이고 흐르는 것.
맑음을 굽혀 혼탁 속에 있음은
진정한 보살행이나니,
더러움을 벗하며
흐르는 물결 속에서
나는 진정한 선지식, 보살을 본다.

눈사람의 덕德

눈사람의 덕은
만들어짐을 기뻐하지 않고,
사라짐에 집착하지 않는 것이다.

제아무리 위세 좋은 설원도
따사로움에 무력화되는 법.
죽음을 생각한다면,
교만은 사치일 뿐이다.

나이가 들수록
죽음을 생각해서 좌표를 정하고,
지금의 행복에 집중하라.
그리고 눈사람의
집착 없는 행복을 깊이 사유해보라.

생기 예찬

신록이 아름다운 것은
그 속에 생기가 있기 때문이다.
우리네 청춘도 마찬가지다.
생기의 정체는
변화를 두려워하지 않는 도전이다.

그대여! 주저하는가?
짧은 인생에 주저할 겨를이 있는가?
신중하다면 이미 생기와는 멀다.
온 힘을 쏟아붓는 삶의 태도.
이것만 있다면,
당신은 아직 생기를 가지고 있다.
물론 실패할 수도 있다.
실패와의 충돌, 이것이 바로 생기인 것.

생기는 탕자를 두려워하지 않는다.
용기 있게 죽는 것.
이것이 생기이므로….

꽉 쥔 손을 펴면

삶은 느리게 변하지만,
그 끝은 명징하다.
끝에 다다랐음에도
반성하지 않는다면,
그것은 슬픔을 덧대는 일이다.

쥔 손을 펴지 않으면
죽음이 강제로 펴리니,
아침은 짧고, 새벽은 춥다.

잡으려 애쓰지 마라.
살포시 힘을 빼면,
하늘은 손안에 있는 것이니….

삶을 이야기할 수 있는 사람

삶을 이야기할 수 있는
한 사람만 만났더라도
인생은 살만한 가치가 있다.
뜻이 통하고 마음이 통하는
그런 사람.
이는 진정 고귀한 사람이다.

우리 이제는
아름다운 사람이 되자!
누군가에게
의미로 남을 수 있는 참사람,
그런 사람이 되자!

서로가 서로에게
행복한 여운으로 기억되는 진정한 사람.
그가 바로
오늘 새롭게 각성한
그대임을 자각하라!
그렇게 세상은 의미로운
겹겹의 아름다움이 된다.

삶은 치열하지만 존재는 평안하다

슬픔이 묻지 않는 곳에서
모든 이는 행복할지니,
고통과 두려움을 버리고
지친 이는 모두 내게로 오라.
내게 기쁨의 열쇠가 있나니,
받는 자는 영원히 행복하리라.

빛에는 그림자가 맺히지 않는 법.
그대여, 이제 빛으로 깨어나거라.
그대가 걸어온 길에
발자국 없음을 안다면,
삶의 군상은 언제나 화평하리라.

모든 행복이
나를 관통해서 그대에게 가리니,
주어진 것을 얻고
버려진 것은 버릴지어다.
행복의 열쇠는 나에게 있으나,
그대에게는 풀어버릴 자물쇠가 없구나.

그대는 빛이라네

그대여!
모든 존재는 빛이라네.
그대는 빛으로 태어난 자이니,
어떻게 어둠일 수 있겠나!
빛의 자식은 어떤 일이 있어도
어둠이 되지 않는다네.
그것을 자네가 모르니,
슬픈 탄식이 일 수밖에 없다네.

그대여!
어둠을 빛의 반대라 생각지 말게.
빛의 고요한 모습,
그것이 어둠의 실상이라네.
이것을 안다면,
빛으로 거듭나지 않더라도
그대는 언제나 찬연할 것이네.
단 한 번도 어둠이었던 적 없는
본연의 빛을 넘어선 밝음.

그것이 자네와 우리 모두의 본질이라네.

이 고요한 광영光榮 속에서
그대는 언제나 자유로웠으니,
진리는 추구함이 아니라
오직 놓아버림 속에 있는 것이라네.

뜻이 높으면 존재는 고요하다
진실의 노래, 깨달음의 찬가

글 ⓒ 자현, 2025
사진 ⓒ 불광미디어, 2025

2025년 4월 25일 초판 1쇄 발행

지은이 자현
발행인 박상근(至弘) • 편집인 류지호 • 편집이사 양동민
책임편집 김재호 • 편집 양민호, 김소영, 최호승, 정유리 • 디자인 쿠담디자인
제작 김명환 • 마케팅 김대현, 김대우, 이선호, 류지수 • 관리 윤정안
콘텐츠국 유권준, 김희준
펴낸 곳 불광출판사 (03169) 서울시 종로구 사직로10길 17 인왕빌딩 301호
대표전화 02)420-3200 편집부 02)420-3300 팩시밀리 02)420-3400
출판등록 제300-2009-130호(1979. 10. 10.)

ISBN 979-11-7261-161-3 (03220)

값 18,000원

잘못된 책은 구입하신 서점에서 바꾸어 드립니다.
독자의 의견을 기다립니다. www.bulkwang.co.kr
불광출판사는 (주)불광미디어의 단행본 브랜드입니다.